Carolina Libau

NUMEROLOGÍA
Guía práctica

4 5 7
8
6 2
1
0
3 9

SELECTOR
actualidad editorial

SELECTOR
actualidad editorial
Doctor Erazo 120 Colonia Doctores México 06720, D.F.
Tel. 55 88 72 72 Fax. 57 61 57 16

NUMEROLOGÍA, GUÍA PRÁCTICA
Diseño de portada: Carlos Federico Varela Vázquez

Copyright © 2003, Selector S.A. de C.V.
Derechos de edición reservados para el mundo

ISBN: 970-643-611-1

Segunda reimpresión. Septiembre de 2005.

	Sistema de clasificación Melvil Dewey
130 L91 2003	Libau, Carolina. 1969 *Numerología, guía práctica /* Carolina Libau.-- México: Selector, 2003. 96 p. ISBN: 970-643-611-1 1. Ocultismo. 2. Métodos para lograr el bienestar personal. 3. Numerología.

Características tipográficas aseguradas conforme a la ley.
Prohibida la reproducción parcial o total de la obra
sin autorización de los editores.
Impreso y encuadernado en México.
Printed and bound in México

CONTENIDO

Prefacio 9
Conocimientos básicos sobre numerología 11
    ¿Qué es la numerología? 13
    Origen de la numerología 14
    La cábala 15
    Los pitagóricos 17
    Para qué sirve la numerología 19
Interpretar los números 21
    Significado de los números 25
    La carta numerológica 27
    Lo que dice nuestro nombre 28
    Interpretación del nombre 29
    Número de expresión 30
    Interpretación del número de expresión 31
    Número del alma o número íntimo 35
    Interpretación del número del alma o número íntimo ... 36
    Número de la fuerza interna 38
    Interpretación del número de la fuerza interna 39
    Número activo 40
    Interpretación del número activo 41
    Número hereditario 42
    Interpretación del número hereditario 43
    La carta de intensificación 44
    Interpretación de la carta de intensificación 46
    Las iniciales 48
    Lo que dice nuestra fecha de nacimiento 49
    Número del camino de la vida 50
    Interpretar el número del camino de la vida 51
    Los ciclos vitales 56
    Los ciclos de la vida 57
    Los números maestros en los ciclos vitales 59

Carolina Libau

Interpretación de los ciclos de la vida 61
Los años personales 67
Interpretar el año personal 68
Los ciclos anuales 72
Interpretación de los ciclos anuales 74
Meses y días 75
Calcular el número de un mes 76
Calcular el número de un día 77
El número de realidad o número único 78
Interpretación del número de realidad o número único .. 79
El significado del número de realidad o número único ... 80
Guía final: La carta numerológica de nuestro ejemplo 85
Interpretación de la carta 89

Dedicatoria

Para Ana Cristina Sobreiro

PREFACIO

Aunque la numerología es un sistema de pensamiento complejo, también es un oráculo muy sencillo que sólo requiere su nombre completo, la fecha de nacimiento, lápiz, papel y muchas ganas de aprender.

De esta forma, la numerología —o ciencia de los números— se revela como una posibilidad de trascender en una vida llena de incertidumbres y a la vez reconciliarse con el Camino que debe cumplir. Es un sistema adivinatorio que en sí mismo posee una virtud mágica: la profunda comprensión del sentido de nuestra existencia.

Esta guía práctica fue pensada para ofrecerle al lector las bases necesarias para comprender tanto la filosofía que subyace en este oráculo sagrado como las formas correctas de calcular e interpretar los números, y de este modo conocer más acerca de usted mismo y quienes lo rodean.

Conocimientos básicos sobre numerología

¿Qué es la numerología?

La numerología —o ciencia de los números— es un antiguo sistema adivinatorio que, como la gran mayoría de las tradiciones esotéricas, tiene como fin la fusión con la divinidad y el perfeccionamiento de nuestro espíritu. Según este oráculo, en el universo todo es armonía, ritmo y geometría; por tanto, las relaciones del cosmos se transmiten a través de vibraciones que actúan sobre nosotros.

Estas vibraciones las comprenden los seres humanos por medio del Número, entendido como la abstracción por excelencia de la realidad. Así, la Causa Primera —Dios— es la unidad, de la cual se desprenden todas las formas posibles de vida, las que a su vez vibrarán bajo la forma de números. Al provenir de tradiciones herméticas que pretendían explicar la razón de ser del hombre al universo y, en último término, a Dios, la numerología es un oráculo sagrado que nos permite vislumbrar el sendero que debemos recorrer para encontrar la Fuente Original: lo que nos vincula con el Todo.

Origen de la numerología

Al igual que muchos otros sistemas adivinatorios y ocultos, la numerología se considera una herencia de la palabra que Dios reveló a Moisés en su travesía por el desierto. Y aunque es imposible verificar esta hipótesis, se cree que los cabalistas y, posteriormente el sabio griego Pitágoras (siglo IV a.C.), fueron los principales precursores de esta tradición que ha sobrevivido hasta nuestros días, y que se dio a conocer más allá del grupo de iniciados que la hizo perdurar, hasta mediados del siglo XIX, luego de las revelaciones de Papus.

La cábala

La palabra de origen hebreo *kábbalá*, que significa tradición, es un complejo sistema de pensamiento que se transmitió oralmente de generación en generación, y sólo tomó su forma definitiva hasta 1280, al publicarse la obra de Moisés de León, *El libro del esplendor* (*Séller Ha-Zohar*), en donde se estructuraron sus bases.

La cábala se basa en la ley del equilibrio entre las fuerzas universales y las correspondencias: la luz necesita la oscuridad y viceversa, así como el movimiento la estabilidad. En esta lógica se presenta una tríada fundamental conocida como *Sefar-Sippur-Sefer*, donde *Sefar* significa el Número, la base de la armonía y del orden superior de las cosas; *Sippur* será la Palabra o el Verbo Creador, gracias al cual existen todas las cosas; y *Séfer* es la Letra Escrita, el Libro que representa a los seres vivos creados por Dios.

El Creador se sirve de 32 caminos para actuar en el mundo: 10 *sefirot* o emanaciones divinas y las 22 letras sagradas del alfabeto hebreo, las cuales se resumen en el árbol *sefirótico* o árbol de la vida. Estos 10 números son los nombres, potencias o atributos de Dios, que al combinarse con las 22 letras del alfabeto hebreo, nos muestran el plan de la creación de todas las cosas superiores e inferiores.

1. Kether. La voluntad inicial
2. Hochma. La sabiduría
3. Binah. La inteligencia
4. Hesed. La gracia
5. Gehbura. El rigor
6. Tiferet. La compasión
7. Netzar. La perseverancia
8. Hod. La grandeza
9. Yesod. El fundamento
10. Malcut. La morada de Dios

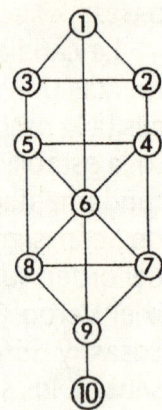

Fig. 1

Fig. 1: El árbol sefirótico (según Alexander Roob, *El museo hermético Alquimia & Mística*, Ed. Tashen).

Los pitagóricos

Para los pitagóricos, el número es un elemento constitutivo de la realidad y sólo a través del número la realidad es accesible a la razón. Por tanto, el número es un todo que determina la razón, es decir, la forma en que comprendemos la realidad y el universo.

De acuerdo con esta visión, el uno aparece como la unidad fundamental, que requiere un opuesto para existir, es decir lo dual: el dos. Entre el uno y el dos se puede trazar una línea que significa la alternancia entre la unidad y la dualidad, entre lo par y lo impar, entre lo limitado y lo ilimitado. Pero a su vez, esa línea necesita un tercer aspecto para cerrarse y retornar al equilibrio: el tres. Aquí, el cuatro aparece como necesario, por cuanto la ley del equilibrio determina el universo. Finalmente, la suma de los cuatro términos: $1 + 2 + 3 + 4 = 10$, remite de nuevo a la unidad, porque $1 + 0 = 1$.

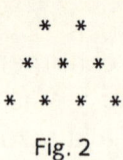

Fig. 2

Este sistema de pensamiento, conjuntado con la cábala, dio origen a la numerología, mediante la cual se le asignaron significados profundos a cada número. La cábala le otorgó un significado a las 22 letras sagradas. Por su parte, la tradición pitagórica y hermética se concentró fundamentalmente en nueve números, en cuanto el 0 es la negación del número, y cualquier cifra superior a 9 puede reducirse sumando sus dígitos.

Fig 2. *Tetraktys*. Representación del número 10, según los pitagóricos. El cuatro aparece como la base de la unidad.

Para qué sirve la numerología

En términos generales, la numerología es una ciencia que funciona sobre ciertas leyes, que implican operaciones fijas y repetitivas. Estas operaciones permiten descifrar las vibraciones que rodean nuestra existencia, los dones que se nos otorgaron y los retos que debemos enfrentar; todo a partir de la interpretación de los números que signan nuestra fecha de nacimiento y el nombre que nos fue dado al nacer.

La correcta interpretación de estos números nos permitirá comprender cómo las fuerzas del universo influyen en nuestro destino o en nuestra personalidad; nos ayudará a tomar decisiones sobre el calendario y a reconocer los momentos decisivos en nuestra vida.

ln
Interpretar los números

Aunque las bases teóricas de la numerología son muy complejas, éste es uno de los sistemas adivinatorios más sencillos y prácticos. Con las letras del nombre con el que fue registrado podrá comprender asuntos relacionados con su naturaleza psicológica, como su personalidad y las posibilidades que la vida le puede ofrecer. Con su fecha completa de nacimiento predecirá las vibraciones que se le otorgaron al nacer. De la misma forma, podrá calcular las vibraciones que afectan el nombre de una empresa, de un número telefónico o de una cuenta bancaria. Para realizar su numerología o la de quienes lo rodean, sólo requiere una hoja de papel, un lápiz y muchas ganas de aprender.

Cabe mencionar que los números no tienen un significado enteramente positivo o negativo, y por tanto, sólo deben comprenderse en términos de dones que se nos brindaron y retos que debemos superar para mejorar nuestra vida. Finalmente, es importante considerar que los números 11 y 22 son maestros o capitales, lo cual significa que son números altamente espirituales y exigentes. Por estas características, cuando en su carta numerológica aparece cualquiera de estas dos cifras, no deben reducirse, en la mayoría de los casos, a un solo dígito, salvo cuando se indique lo contrario.

Significado de los números

Como mencionamos antes, la numerología —específicamente la cábala— le atribuyó un significado simbólico a cada uno de los números, sentido que además es fundamental para la interpretación del tarot. A continuación señalamos el significado simbólico de cada uno de los números y su correspondiente con el tarot.

Número	Significado simbólico	Correspondiente al Tarot
1	Independencia. Creación. Iniciación	El mago
2	Relación. Oposición	La sacerdotisa
3	Generación a partir de complementarios	La emperatriz
4	Potencia. Esfuerzo. Construcción	El emperador
5	Movimiento. Amor	El sumo sacerdote
6	Equilibrio. Armonía	Los amantes
7	Voluntad. Búsqueda de sabiduría	El carro

8	La grandeza. Equilibrio	La justicia
9	Dedicación. Contemplación	El ermitaño
11	Inspiración. Compromiso espiritual	La fuerza
22	Realización. Trascendencia	El loco

La carta numerológica

Antes de iniciar nuestro recorrido, le sugerimos que dibuje el siguiente esquema en una hoja en blanco y vaya completando los números de su carta según los calcule. Esta carta le facilitará la interpretación.

Nombre completo: _____
Fecha de nacimiento: _____
Año universal: _____

Números del nombre	Dígito	Números de la fecha	Dígito
Expresión Alma Fuerza interna		**Camino de la vida** Ciclo de la siembra Ciclo de la productividad	
Activo Hereditario Resumen del nombre		Ciclo de la cosecha Año personal - 2003	
Carta de intensificación * Presentes * Ausentes * En exceso			

Número único: _____
Fecha en que se realizó el cálculo: _____

Lo que dice nuestro nombre

La primera parte de la carta numerológica se realiza al calcular los números que signan nuestro nombre de nacimiento. Con ellos comprenderemos aspectos relacionados con la personalidad y las posibilidades que tenemos. Lo primero que debemos considerar para calcular el número del nombre de una persona es la forma como aparece en el registro de su nacimiento. Esto es importante ya que las personas pueden adoptar seudónimos, tomar el apellido de su esposo al casarse o acostumbrarse al sobrenombre con el que cariñosamente lo llaman familiares o amigos.

En numerología, por lo tanto, *sólo deben utilizarse el nombre y el apellido o los apellidos* (según los países) *que figuren en el registro civil*. Sin embargo, esta regla puede tener ciertos matices: si los padres llamaron a su hijo Pedro José Ricardo, porque los abuelos se llaman respectivamente Pedro y José, pero por lo común le dicen Ricardo, se tomará sólo este último nombre. Por el contrario, para una persona llamada María del Pilar, se estimará su nombre completo, incluyendo el "del". La regla que expusimos y las características de cada caso específico nos darán las pistas para tomar la decisión indicada.

En el caso de nombres de empresas y corporaciones no se deben calcular nunca las siglas "Inc.", "Co." o "S.A. de C.V", etc. En seudónimos de artistas, se debe calcular el número del nombre completo y del seudónimo por separado, para correlacionarlos posteriormente.

Interpretación del nombre

A cada letra del alfabeto le corresponde un número. Ésta es la tabla de correspondencias:

1	2	3	4	5	6	7	8	9
A	B	C	D	E	F	G	H	I
J	K	L	M	NÑ	O	P	Q	R
S	T	U	V	W	X	Y	Z	

Para facilitar nuestra iniciación en la numerología, tomaremos como ejemplo el siguiente nombre y fecha de nacimiento: MARIA SANCHEZ LOPEZ, quien nació el 25 de julio de 1975. Así, el número del nombre de nuestro ejemplo se calculará de la siguiente manera:

M	A	R	Í	A		S	Á	N	C	H	E	Z		L	Ó	P	E	Z
4	1	9	9	1		1	1	5	3	8	5	8		3	6	7	5	8

Número de expresión

El número de expresión corresponde a la suma de todos los dígitos del nombre. Con este número se interpreta nuestra personalidad, el carácter, la identidad y nuestra más profunda naturaleza. En el ejemplo, el número de expresión se calcularía así:

M	A	R	Í	A		S	Á	N	C	H	E	Z		L	Ó	P	E	Z
4	1	9	9	1		1	1	5	3	8	5	8		3	6	7	5	8

24		31		29
6	+	4	+	11
21 = 2 + 1					
Número de expresión = 3				

En este caso, el último apellido nos da 11, pero estamos calculando el dígito del nombre completo, por lo que se suma sin tomarlo como número maestro.

Interpretación del número de expresión

Uno: es una persona independiente, original y con gran impulsividad. Toma la iniciativa y le gusta dirigir. Ama la libertad y asume sus errores con responsabilidad. Le cuesta trabajo mostrarse débil ante los demás. La sinceridad y la pasión son vitales en sus relaciones con los demás. Una persona con este número suele ser voluntariosa y presenta problemas con la autoridad.

Dos: la búsqueda de armonía propicia que el temperamento de estas personas sea tranquilo y paciente. Es un mediador por excelencia y le gusta trabajar en equipo. Es sentimental, sensible, emotivo y tiene una gran creatividad, por lo que es el número ideal para desarrollar actividades artísticas. Rehuye la soledad, es dependiente y está hecho para la vida en pareja.

Tres: es alegre, expresivo, social y muy práctico. Necesita cambiar constantemente y las rutinas se le convierten en cárceles que debe evitar. Es impaciente, celoso, colérico y tiene dificultad para soportar las críticas. En la vida afectiva es entusiasta y apasionado. Necesita rodearse de personas que lo hagan sentir orgulloso.

Cuatro: es el número de las personas sinceras, pacientes, realistas y equilibradas. Realiza con gran perseverancia y minucia las tareas prácticas de la vida. Es confiable, responsable y fiel. En la vida afectiva construye relaciones profundas y duraderas, aunque es reservado con sus sentimientos. Debe cuidarse de la obstinación y la falta de tolerancia.

Cinco: el cambio y la libertad son sus ideales más altos. Ese dinamismo le aporta una gran flexibilidad y capacidad de adaptación. Su naturaleza lo hace inestable y disperso. Se le dificulta mantener un compromiso sentimental, un trabajo permanente o vivir mucho tiempo en un solo lugar. Aunque no es un gran sentimental, al final de su vida puede sentir un profundo vacío.

Seis: busca la belleza y la felicidad. Es una persona comprensiva, sentimental, generosa y cooperadora. Le gusta conciliar dificultades y problemas entre quienes lo rodean, y por ello tiene dificultades para tomar decisiones. Una de sus metas es construir una familia sólida o un círculo de amistades leales y perdurables. Gusta del éxito fácil y a veces no se esfuerza lo suficiente para lograr sus objetivos.

Siete: lo mueve la necesidad de comprender todo cuanto le rodea. Es el número del intelectual y el estudioso. Necesita soledad y aislamiento para reflexionar.

La búsqueda de conocimiento lo lleva a ser intransigente, pesimista y ansioso. En el plano sentimental le será difícil tener una pareja, a no ser que comparta sus ideales.

Ocho: es el número de la persona que busca el éxito material y el reconocimiento. De naturaleza ambiciosa y activa, se caracteriza por la determinación y la perseverancia. Es impaciente y trabajador. La sinceridad es un valor importante en el plano sentimental, pero no así en los negocios, donde hará todo lo necesario para cumplir sus metas. Descuida con frecuencia la vida espiritual y la necesidad de poder puede apartarlo de quienes lo rodean.

Nueve: tolerante, desinteresado y generoso, buscará ayudar a cuantos le rodean. Está facultado para comprender los profundos sentimientos de los demás. Es soñador, optimista, pero un tanto disperso. En el plano sentimental es sincero y afectuoso, aunque demanda más amor del que ofrece. Es el número de una persona exigente y ambivalente: pasa con rapidez de la amabilidad a la agresividad, lo cual la hace inestable.

Once: buscan la perfección espiritual. Suelen ser personas auténticas y con gran inspiración. De naturaleza encantadora pero dominante, triunfan con facilidad en el amor y en los negocios. Asumen excesivas responsabilidades, afectando su vida privada.

Son nerviosos, ansiosos e irritables. El Once es un número que implica fuerza moral y quienes no la consiguen viven este número como su reducción: el Dos.

Veintidós: es el número de las personas excepcionales, del guía espiritual y moral. Requiere grandes empresas y es visionario. Son talentosos por naturaleza y las relaciones de pareja no están dentro de sus planes. El compromiso de este número es tan exigente que muchas personas que lo poseen sólo llegan al nivel Cuatro.

Número del alma o número íntimo

Este número describe las motivaciones del alma y los anhelos más profundos. Se calcula al sumar las vocales del nombre:

M	A	R	Í	A	S	Á	N	C	H	E	Z	L	Ó	P	E	Z
	1		9	1		1				5			6		5	
11	+	6	+	11
28 = 2 + 8 = 10
Número del alma = 1

Interpretación del número del alma o número íntimo

Uno: necesita independencia para conseguir sus metas. La creatividad es su don.

Dos: anhela el matrimonio y el amor perfecto. La amabilidad es la clave.

Tres: debe expresar sus ideas. La sociabilidad es su aspiración más alta.

Cuatro: desea construir sólidamente sus sueños. Tiene la perseverancia para ello.

Cinco: busca libertad y aborrece la rutina. El cambio permanente lo acompaña.

Seis: aspira al equilibrio y la armonía. La responsabilidad es su don.

Siete: requiere evolucionar espiritualmente. Su sed de conocimiento se lo permitirá.

Ocho: anhela el triunfo material. Si desarrolla su espíritu planificador, lo conseguirá.

Nueve: desea ser útil para los demás. Tiene la sensibilidad para ello.

Interpretar los números

Once: busca una vida excepcional. La inspiración es su don (piense si podría ser un dos).

Veintidós: necesita realizarse en el plano universal (piense si podría ser un cuatro).

Número de la fuerza interna

Muestra la fuerza interna que poseemos para conseguir las metas que nos hemos trazado en la vida. Se calcula con las consonantes del nombre.

M	A	R	Í	A	S	Á	N	C	H	E	Z	L	Ó	P	E	Z
4		9			1		5	3	8		8	3		7		8

13		25		18
4	+	7	+	9

20 = 2 + 0 = 2
Número de la fuerza interna = 2

Interpretación del número de la fuerza interna

Uno: es original, decidido y líder natural.

Dos: es solidario y tiene voluntad de servicio.

Tres: es expresivo y creativo.

Cuatro: es perseverante y paciente.

Cinco: su constante movilidad le permite acumular experiencia.

Seis: es responsable e inspira confianza.

Siete: éxito ligado a la imaginación y la búsqueda de conocimiento.

Ocho: es ambicioso y enérgico.

Nueve: voluntad de servicio.

Once: activo y original.

Veintidós: fuerza de voluntad para hacer grandes obras que beneficien a los demás.

Número activo

Se interpreta en relación con el número de expresión, cuyas tendencias acentúa o minimiza. Se calcula con el nombre de pila.

M	A	R	Í	A
4	1	9	9	1

24
Número activo = 6

Interpretación del número activo

Uno: creatividad, independencia.

Dos: ternura, sensibilidad.

Tres: adaptabilidad, sociabilidad.

Cuatro: orden, responsabilidad.

Cinco: curiosidad, cambios.

Seis: equilibrio, dulzura.

Siete: intuición, inteligencia.

Ocho: energía, perseverancia.

Nueve: dedicación, emotividad.

Once: fuerza, voluntad.

Veintidós: inspiración, generosidad.

Carolina Libau

Número hereditario

Son los dones otorgados por nuestros padres. Se estudia con base en el número de expresión y su cálculo se realiza sumando los apellidos.

S	Á	N	C	H	E	Z		L	Ó	P	E	Z
1	1	5	3	8	5	8		3	6	7	5	8
31								29				
4							+	11				
Número hereditario = 6												

Interpretación del número hereditario

Uno: seguridad interior.

Dos: estabilidad.

Tres: confianza en los demás.

Cuatro: capacidad de organización.

Cinco: vigorosidad.

Seis: comprensión.

Siete: reflexión.

Ocho: voluntad.

Nueve: lealtad.

Once: poder.

Veintidós: inspiración.

Carolina Libau

La carta de intensificación

Esta carta nos revela los números que más influencia ejercen en nuestra vida y aquellos que por su ausencia implican retos o desafíos. Para realizar nuestra carta de intensificación tracemos el siguiente esquema:

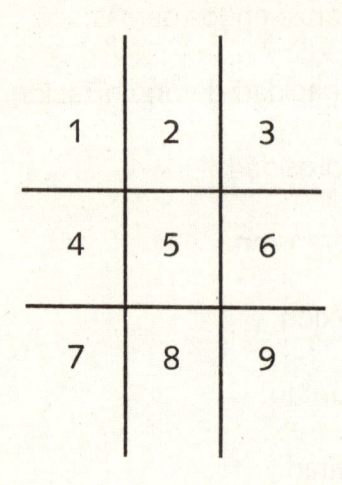

1	2	3
4	5	6
7	8	9

Cada casilla representa cada uno de los nueve números y en ellas debemos completar el gráfico personal, recordemos nuestro ejemplo:

M	A	R	Í	A		S	Á	N	C	H	E	Z		L	Ó	P	E	Z
4	1	9	9	1		1	1	5	3	8	5	8		3	6	7	5	8

Interpretar los números

Así en el nombre completo de María aparece cuatro veces el número 1, y por tanto, ubicamos un 4 en la primera casilla. Para no confundirnos, hemos colocado entre paréntesis el número que le corresponde, en este caso el (1). Luego contamos los números 2 de su nombre completo y nos damos cuenta que es un número ausente, por tanto, colocamos un 0, seguido de: (2). El ejercicio se lleva a cabo con cada uno de los 9 números del nombre completo. Realicemos nuestra carta de intensificación con todos los números de nuestro nombre completo. La carta de intensificación de María sería:

4 (1)	0 (2)	2 (3)
1 (4)	3 (5)	1 (6)
1 (7)	3 (8)	2 (9)

En este caso, podemos ver que el 1 es un dígito que aparece en exceso; el 5 y el 8 están presentes, pero no en exceso; mientras que existe una ausencia del número 2 y muy pocos 4, 6 y 7. Revisemos en nuestra numerología cuáles números están presentes, ausentes o aparecen en exceso, e interpretemos.

Interpretación de la carta de intensificación

1. Presente: voluntad y determinación.
   Ausente: inseguridad y tendencias autodestructivas.
   En exceso: dominación y liderazgo.

2. Presente: solidaridad y cooperación.
   Ausente: personalidad colérica y desconfiada. Dificultades para relacionarse.
   En exceso: romanticismo, sensiblería y pasividad.

3. Presente: entusiasta y amigable.
   Ausente: dificultad para adaptarse y complejos de inferioridad.
   En exceso: versatilidad y fanfarronería.

4. Presente: organización y perseverancia.
   Ausente: pereza e inestabilidad emocional.
   En exceso: terquedad y obsesión por el trabajo.

5. Presente: deseo de aventura y variedad.
   Ausente: dificultad para afrontar los cambios, celos y obstinación.
   En exceso: inestabilidad, libertinaje y tendencia a los excesos.

6   Presente: amor por la familia y responsabilidad.
    Ausente: irresponsabilidad, egoísmo y vida amorosa difícil.
    En exceso: personalidad inflexible y tradicionalista.

7   Presente: inteligencia e idealismo.
    Ausente: persona poco comprensiva.
    En exceso: fanatismo.

8   Presente: autosuficiencia y espíritu emprendedor.
    Ausente: dependencia económica y emocional.
    En exceso: ambición desmedida y deseos de poder.

9   Presente: humanitarismo y dedicación.
    Ausente: falta de compasión y egoísmo.
    En exceso: voluntad de sacrificio e inestabilidad emocional.

Las iniciales

Para confirmar las tendencias de nuestra carta numerológica realizamos una suma de las iniciales del nombre completo. En el caso de María Sánchez López, las iniciales M, S y L darán como resultado: 4 + 1 + 3 = 8. Este número le dará fuerza al 8 que se repite tres veces en su carta de intensificación. A continuación, efectuaremos la interpretación del nombre de nuestro ejemplo.

Lo que dice nuestra fecha de nacimiento

En el análisis numerológico del nombre y los apellidos encontramos información relacionada con nuestra personalidad y las posibilidades que tenemos. Por su parte, la fecha de nacimiento nos muestra los asuntos que pueden influir en nuestro destino, tales como el futuro potencial y los ciclos de nuestra existencia, vistos desde la perspectiva de años, meses, e incluso lo que puede significar un día particular en el sendero de la vida.

A diferencia de la astrología, para realizar numerología no es necesario conocer la hora exacta de nacimiento. Si nacimos alrededor de la medianoche, escogeremos el día en que nuestros padres festejan nuestro nacimiento.

Número del camino de la vida

Para calcular el número del camino de la vida sólo se debe sumar el día, el mes y el año de nuestro nacimiento y reducirlo a un número entre uno y nueve, el cual calcularemos sobre el ejemplo que mencionamos al principio: María Sánchez López nació el 25 de julio de 1975 y su número del camino de la vida se calcula de la siguiente forma:

    25

    07

    1975
    ‾‾‾‾

+ 2007 2 + 0 + 0 + 7 = 9

Lo primero que debemos verificar es si el número del camino de la vida es igual al de expresión o a otro de los números del nombre; si la respuesta es afirmativa, la persona se sentirá cómoda al enfrentar su camino. Por el contrario, si es un número ausente o uno que está presente pero aparece poco, como en el caso de nuestro ejemplo, seguir el camino de la vida, le representará serias dificultades.

Interpretar el número del camino de la vida

Uno: estas personas construyen el camino de la vida individualmente y buscan cumplir sus metas contando sólo con sus propios recursos. Al recorrer solitarios el sendero de la vida, son seres que requieren mucho valor e independencia. Tienen el empuje y el coraje del líder para triunfar en la vida. En las profesiones u oficios que realizan, abrirán caminos novedosos. Si el 1 está ausente en la carta de intensificación, este camino les será muy difícil de recorrer. Si es un número repetitivo o es el de expresión, deben cuidarse del egoísmo y la arrogancia. Finalmente, si el 2 es el número de expresión, sobrellevar la autonomía de este número les traerá muchas dificultades.

Dos: quienes poseen este número necesitarán recorrer el sendero de su vida acompañados de una pareja, porque éste es el número de la relación y la cooperación. Son personas que afrontan las dificultades con dulzura y suelen ser amables, comprensivas y dedicadas a los demás. El matrimonio es la meta más importante de su vida y usualmente la consiguen. El mayor problema es que no pueden tomar decisiones y dependen de quienes los rodean. Si tienen números de expresión como el 1, 5, 9, 11 o 22, este camino no les será cómodo, lo mismo si el 2 está ausente en la carta de intensificación.

Tres: este camino se define por la alegría y todo cuanto es agradable. Son personas que buscan la novedad a su alrededor y disfrutan las pequeñas cosas de la vida. Imaginativos para afrontar las dificultades y muy expresivos, estos seres derrochan más energía de la necesaria al tratar de satisfacer su necesidad de experimentar nuevas posibilidades. Son intuitivos, por lo que la vida les sonreirá fácilmente, pero también son impulsivos y a veces pierden más de lo que ganan por ir como veletas al viento. Si el 4 es el número de expresión, este camino no les será nada fácil.

Cuatro: éste es un sendero de esfuerzos, que requiere organización y pragmatismo. Las personas que tienen este camino de la vida deben luchar para encontrar la estabilidad económica y emocional. Su perseverancia será recompensada a través del reconocimiento y el éxito ganado con trabajo duro. Aprenderán a ahorrar para tiempos venideros y son precavidos en todo cuanto realizan. Necesitan la seguridad del hogar y un trabajo que no implique liderazgo. Si el número de expresión es 1, 3, 5 u 11, este camino será muy penoso, pues se sentirán limitados en sus posibilidades.

Cinco: éste es el camino de la libertad. Principalmente de las personas que no se sienten satisfechas porque tal vez, más adelante o siguiendo otro rumbo, encontrarán cosas mejores. La búsqueda de nuevas aventuras, experiencias y encuentros las hacen personas flexibles y adaptables. Quienes aceptan esta inestabilidad pueden tener mucho éxito en la vida, pero si se resisten pueden convertirse en seres conflictivos, dependientes e incluso viciosos. Si su número de expresión es el 2 o 4, se sentirán obligados a cambiar de rumbo sin desearlo.

Seis: es la vía de la responsabilidad. Las circunstancias lo llevarán a aprender a tomar decisiones difíciles, a conciliar conflictos y ayudar a los demás. Tendrá una vida afectiva plena y con facilidad podrá construir una familia sobre bases sólidas. Para estas personas, el compromiso es el ideal más alto, por lo que a menudo se sentirán agobiadas e intranquilas. No deben arreglarle la vida a los demás porque se sentirán frustrados. Cuando el 5 es su número de expresión tenderán a ser personas conflictivas y complicadas.

Siete: es un sendero que se define por la serenidad y el aplomo. Son personas guiadas por la sed de conocimiento y en su indagación estarán solas o buscarán la compañía de quienes deseen "seguirles". Les apasiona la vida espiritual e intelectual, en donde encontrarán el éxito, pero se alejarán de los placeres mundanos, descuidando la vida familiar. Es una vía rica en posibilidades y hallarán personas excepcionales que les ayudarán en la búsqueda del crecimiento interior. Deben cuidarse de la angustia que les produce querer saberlo todo. Si el 8 o el 22 son sus números de expresión, este sendero presentará serias dificultades.

Ocho: éste es un camino de ambición. La vida les presentará oportunidades para enriquecerse o conseguir poder en el área profesional u oficio en el que se desempeñen, pero su vida espiritual y afectiva se verán afectadas. Las personas con este sendero deben aprender a trabajar por el bien de los demás, más que en beneficio propio, porque pueden terminar aisladas y solitarias. Son seres que necesitan reconocimiento y tendrán dificultades para admitir sus errores y aprender de ellos, salvo cuando están en juego sus bienes materiales o su posición social. Si los números de expresión son el 6, 11 o 22, sufrirán mucho con su ambición material. Si en expresión son el 7 o 9 se sentirán decepcionados de sí mismos.

Nueve: es la ruta de quienes se trazan grandes metas. Buscarán tierras lejanas o iniciarán viajes interminables dentro de su mente, su corazón o su espíritu. Las exigencias que se han impuesto a sí mismos los obligarán a ser compasivos para comprender a los demás. A menudo, son personas solitarias que tienen diversas experiencias afectivas, pero no estables. Tienen gran inteligencia para tomar decisiones, mas sus deseos de grandeza pueden llevarlos por un sendero de sueños sin realizar. Si el número de expresión es el 2, con frecuencia se sentirán solos.

Interpretar los números

Once: es el camino de la inspiración. Por ser un número maestro es muy exigente con quienes lo portan, ya que implica una misión sublime de carácter espiritual. Las personas que tienen este número deberán entregarse a los demás sin esperar nada a cambio. Es una vía solitaria que exige aplomo y sabiduría. Estas personas pueden poseer conocimientos adquiridos en vidas anteriores, que les serán revelados de un momento a otro, y tendrán el deber de transmitirlos. La fuerza que exige este número puede porque las personas lo vivan como un 2 y riñan permanentemente con la dependencia que implica. Si en la carta numerológica del nombre no aparece el 1 o el 2, este será un camino particularmente muy difícil.

Veintidós: este es un sendero universal, que tiene como eje la construcción. Es el número de las personas que tienen grandes proyectos para beneficiar a los demás. Son líderes naturales y poseen gran inventiva para solucionar problemas y enseñar a los demás. La vida de estás personas está subordinada a los cambios positivos y no tendrá tiempo para desarrollar una vida familiar plena. Son muy pocas las personas que soportan el peso de este número, así que puede ser necesario reducirlo a un 4. Cuando el 2 es el número de expresión o el 4 está ausente en la carta de intensificación, este es un sendero imposible de seguir y deberá tomarse como un 4.

Los ciclos vitales

La numerología también permite reconocer cuáles son los ciclos de nuestra vida, es decir, en qué momento nos encontramos y cuáles son los aprendizajes que corresponden a ese ciclo particular. También es útil para determinar las vibraciones de una fecha o de un evento en nuestra vida.

Los ciclos de la vida

La vida de una persona consta de tres ciclos, cada uno de 27 años. Esta visión se explica a partir de la cábala y del árbol de la vida (ver fig. 1), en donde 3 veces 3 nos encamina a la perfección, o sea, al sendero que conduce a Dios. De esta forma, 3 veces 3 nos da 9 y 3 veces 9 es 27.

Lo anterior no significa que todas las personas deban llegar a la edad de 81 años para cumplir con su misión. Quienes creen en la reencarnación y la vida después de la muerte compensarán el hecho de terminar los ciclos de la vida antes de los 81 años, bien sea porque la misión ya fue cumplida o porque les será dada una segunda oportunidad.

Sin embargo, para concluir en este sentido, es necesario completar todos los aspectos de la carta numerológica, y así tener una visión de conjunto que permita establecer la influencia que el número del ciclo ejerce sobre una persona. También es útil realizar una carta astral y complementarla con una *tirada del camino de la vida*, con el tarot egipcio. Así que aquí nos concentraremos en el conocimiento de lo que cada ciclo significa, cómo calcular nuestros ciclos personales y los aprendizajes que cada uno implica.

El primer ciclo de la vida de una persona se llama *ciclo de la siembra*, que corresponde al mes de nacimiento; el segundo ciclo se conoce como *ciclo de la productividad* y se calcula con el día de nacimiento; y finalmente, el tercer ciclo es el *ciclo de la cosecha*, y se obtiene del año de nacimiento. Tomemos nuestro ejemplo: María Sánchez López nació el 25 de julio de 1975 y los ciclos de la vida serán los siguientes:

- Ciclo de la siembra: 7 (número del mes de julio).
- Ciclo de la productividad: 25, 2 + 5 = 7 (la suma de los dos dígitos del día de nacimiento).
- Ciclo de la cosecha: 1975, 1 + 9 + 7 + 5 = 22 (número maestro).

Interpretar los números

Los números maestros en los ciclos vitales

Un asunto que debemos tener en cuenta para elaborar nuestra carta numerológica es la reducción e interpretación de los números maestros o capitales, que como ya lo mencionamos son el 11 y el 22. Para realizar una correcta lectura con respecto a los ciclos vitales, debemos tener en cuenta:

- Ciclo de la siembra: en este ciclo sólo es posible tener un número maestro, aquel que corresponde a quienes nacieron en noviembre. Dadas las exigencias del número, siempre deberá reducirse a 2, salvo en el caso de que en el ciclo de la cosecha aparezca como número maestro el 22.
- Ciclo de la productividad: en este ciclo se reducirá a 2 o a 4, según corresponda, las fechas de aquellas personas que nacieron los días 11 o 22 de cualquier mes. El único número maestro que no deberá reducirse a 2 o a 4, es el de las personas que nacieron el día 29. Este número 11 (la suma de 2 + 9), es especialmente importante para aquellos que celebran su nacimiento en febrero, cada cuatro años.
- Ciclo de la cosecha: en ningún caso, el número maestro que corresponda a la suma de los dígitos del año, será reducido a 2 o a 4. En esta

carta numerológica sólo debemos tener en cuenta que la vida y el universo pedirán de estas personas la mayor entrega posible, y que esta exigencia será más alta, si existen más números maestros en los ciclos anteriores. Es decir, que si un niño nació en noviembre, o si una persona nació un día 29, la vida esperará de ella una entrega verdadera.

Cabe recordar que el número 22 es tan exigente espiritualmente hablando, que ninguna persona podrá tenerlo en los ciclos de siembra y de productividad.

Interpretación de los ciclos de la vida

Ciclo Uno: independencia y originalidad.

Siembra: son niños y adolescentes inquietos, rebeldes, curiosos y muy creativos. Requieren especial comprensión de sus padres.

Productividad: es un líder natural, de gran independencia e individualismo. Pueden ser egoístas e impacientes, y durante estos años harán cualquier cosa para lograr sus metas profesionales.

Cosecha: son personas que nunca se retiran y que iniciarán al final de su vida nuevos pasatiempos o trabajos adecuados a su edad.

Ciclo Dos: la intuición, la unión y la vida familiar.

Siembra: son niños emocionales, conflictivos y muy dependientes de los padres. Tienen dificultades para adaptarse a los cambios. Pueden casarse durante la adolescencia y abandonar rápidamente metas de tipo profesional.

Productividad: en este ciclo se sentirán realizados en trabajos que impliquen cooperación. Su estabilidad dependerá de la vida familiar y tendrán habilidades para cuidar de los demás y escucharlos. Deben explorar su intuición.

Cosecha: estas personas podrán tener matrimonios tardíos o después de la viudez, ya que se les dificulta estar solos. Podrán dedicarse a actividades caritativas.

Ciclo Tres: expresión y optimismo.
Siembra: son niños y adolescentes con gran talento artístico. Requieren de reconocimiento social desde muy temprana edad. Tienen carácter difícil y son muy celosos.
Productividad: son años de gran originalidad y optimismo. Durante este ciclo la honestidad es el valor más alto. Es tiempo de éxito profesional.
Cosecha: aumentarán sus círculos de amistades y se trazarán metas que hasta el momento no había previsto, como iniciar nuevos estudios, cambiar de profesión o realizar los viajes que siempre soñó.

Ciclo Cuatro: esfuerzos y restricciones.
Siembra: tienen que asumir grandes responsabilidades desde niños, por la ausencia de uno o de los dos padres, o por carencias materiales. Pueden casarse en la juventud y afrontar dificultades de todo orden.
Productividad: es un momento en que cualquier meta que se propongan sólo la lograrán con el sudor de su frente y necesitarán mucha paciencia y perseverancia. Podrán presentar tendencias adictivas.
Cosecha: no se retiran en la vejez, bien sea por elección personal o por necesidad. Deben cuidar de su salud y de la familia porque se concentran excesivamente en los aspectos profesionales o laborales.

Ciclo Cinco: libertad y cambio.

Siembra: son impulsivos e inquietos. Los padres deberán tener cuidado en formar una moral firme en su hijo, porque los deseos de independencia pueden llevarlo por rumbos inadecuados.

Productividad: época de viajes, transformaciones y progreso material y espiritual. Debe aprender a estabilizarse y a tomar decisiones responsables. No le será fácil conservar la familia o casarse durante este ciclo.

Cosecha: la rutina los lleva a realizar profundos cambios durante estos años y a buscar nuevas amistades. Los anhelos de novedad lo harán parecer un eterno adolescente. Cuide su impulsividad, para no perder lo que construyó durante años.

Ciclo Seis: responsabilidad y entrega.

Siembra: son niños y adolescentes amables y cariñosos, que se comprometen seriamente con todas las labores que emprenden. Se sienten responsables por cuanto ocurre a su alrededor y los padres deben ayudarlos a minimizar sus angustias.

Productividad: son años de servicio y entrega a los demás. La generosidad y la caridad marcarán sus decisiones familiares y laborales. Idealizan a las personas lo cual podrá traerles sufrimiento.

Cosecha: es un ciclo de felicidad, donde serán recompensados y reconocidos los esfuerzos que realizaron durante los ciclos anteriores. Sin embargo, deberá esforzarse para terminar todos los asuntos pendientes.

Ciclo Siete: el silencio y la búsqueda.
Siembra: son niños retraídos y ensimismados. Pasarán muchas horas estudiando y buscando la explicación de las cosas. Si los padres alimentan bien este deseo y le ayudan a mejorar su vida social, en la fase de productividad y cosecha, serán grandes personas.
Productividad: es tiempo para la búsqueda de las respuestas más profundas sobre el sentido de la existencia. No disfrutan de las labores físicas y no es un ciclo que se relacione con el matrimonio o la vida familiar.
Cosecha: la espiritualidad y la búsqueda de la sabiduría los llevará a un retiro temprano. Disfrutará de la vida en el campo, evitando el contacto con personas que no tengan sus mismos intereses.

Ciclo Ocho: liderazgo y ambición.
Siembra: durante este ciclo los niños no cuidan lo que tienen y derrochan lo que les dan sus padres. Obtienen a cualquier precio lo que desean y requieren de vigilancia y guía permanente de los mayores. Pueden dedicarse a los negocios desde muy temprana edad.
Productividad: tiempos de éxito profesional y realización. Se emprenden proyectos de gran envergadura que pueden desbordar las posibilidades. La

ambición no será buena consejera. Deben aprender a valorar asuntos más allá del dinero y de los bienes materiales.

Cosecha: ciclo marcado por el reconocimiento social y el disfrute de las ganancias que se acumularon durante la vida. Pueden sentir amargura y envidia si tuvieran carencias económicas.

Ciclo Nueve: carencias y aprendizajes.
Siembra: es un ciclo que implica profundos retos para un niño o un adolescente. Demandarán afecto y comprensión excesivas por parte de quienes los rodean. Son inseguros, nerviosos y muy ansiosos.
Productividad: son tiempos de entrega desinteresada y de servicio. Tendrá abundancia y éxito, pero se sentirá vacío si no aprende a compartirlo. La vida pondrá a prueba su capacidad de afrontar las dificultades y tendrá profundas pérdidas, seguidas de recuperaciones rápidas. Es un ciclo de inestabilidad.
Cosecha: este número humanitario llevará a las personas durante este ciclo a retirarse pronto, para profundizar en el sentido de su existencia y comprender el camino de su vida. La tranquilidad de este periodo dependerá de haber aprendido a amar a los demás sin esperar nada a cambio.

Ciclo Once: revelación y conocimiento.
Siembra: este ciclo sólo deberá tenerse en cuenta si las personas tienen un 22 en el ciclo de la cosecha.

Los niños y adolescentes son intuitivos, retraídos y pueden presentar habilidades psíquicas. Requieren guía espiritual y especial cuidado de los padres.

Productividad: es un ciclo espiritual en que las personas desarrollan voluntad de entrega. Su fortaleza interior es fuente de inspiración y confianza para quienes los rodean. Los deseos de crecimiento se pueden confundir con ambición y traer muchas dificultades.

Cosecha: durante este ciclo las personas se dedicarán a la vida espiritual y podrán ayudar a otros a superar sus dificultades. Dejará de lado los asuntos materiales y si tiene la suficiente confianza nada le faltará.

Ciclo veintidós: el maestro y el guía.

Cosecha: es responsable de la construcción de una gran empresa que puede beneficiar a muchas personas. Tendrá seguidores, bien sean estudiantes o discípulos. Su entereza espiritual le indicará qué debe hacer.

Interpretar los números

Los años personales

Los años personales siguen un ciclo de nueve años y el inicio de cada ciclo varía según la fecha de nacimiento. Con este cálculo comprendemos qué significa para cada uno de nosotros estar en 2003 y cuáles serán los aprendizajes, predicciones y asuntos a considerar durante este año.

Para calcular el año personal, lo primero que se debe hacer es reducir a un dígito el año 2003: 2 + 0 + 0 + 3 = 5. Así, el año 2003 será un año número 5. A éste número le sumamos la cifra del día y el mes en que nacimos. Por ejemplo, en el caso de María Sánchez, quien nació el 25 de julio de 1975, el año personal será:

Reducimos el día de nacimiento a un solo dígito: 2 + 5 = 7. Luego sumamos el mes y el número del año en que nos encontramos, así: 7 + 7 + 5 = 19; 1 + 9 = 10. Por tanto, María se encuentra en un año 1 y está comenzando su ciclo vital de nueve años.

Interpretar el año personal

Un año personal es el que va del 1 de enero al 31 de diciembre. Cada año tiene posibilidades positivas o negativas. Para determinar las vibraciones que ejercerán mayor influencia se debe comparar el número del año personal con los números de personalidad y del camino de la vida. Si el número del año personal está ausente en la carta de intensificación, es necesario considerar los sentidos negativos.

Si el año personal coincide con:

- Número de expresión o número del camino de la vida: es un año lleno de éxito, evolución y realización personal.
- Número del alma: logrará aspiraciones secretas.
- Número de realización (que se calculará más adelante): este año personal es su año.

Año personal Uno: es el año más importante del ciclo porque es hora de emprender nuevos proyectos, enamorarse, iniciar estudios o cambiar de trabajo. Es un año que obliga a tomar decisiones y es posible que los siguientes nueve años esté contando lo que inició en este momento.

Año personal Dos: es el año de las asociaciones y la cooperación. Es un año que exige paciencia porque los frutos demorarán en llegar. Es un año de vibraciones positivas en el plano afectivo y es posible el matrimonio. Si hay vibraciones negativas o el 2 es un número ausente en su carta numerológica, son posibles los rompimientos o los divorcios.

Año personal Tres: es el momento de expresarse y la creatividad del número le ayudará a mejorar sus facultades de sociabilidad. Es un año de optimismo y verá cumplidas algunas de sus metas. Son posibles los viajes, las mudanzas, el nacimiento de un hijo y la prosperidad material. Debe cuidarse de sus celos y de hablar mal de quienes lo rodean.

Año personal Cuatro: es un tiempo de trabajo incesante y mucho esfuerzo. Deberá concentrarse en sus asuntos laborales y organizar su tiempo para conseguir lo que se propone. La perseverancia le permitirá sobrellevar las dificultades económicas y las restricciones a las que deba enfrentarse. No se descuide porque los problemas podrán continuar en el año 5.

Año personal Cinco: es un año de libertad e independencia. Buscará cambiar de trabajo, de lugar de residencia, de amigos o incluso de pareja. La inquietud y la impaciencia serán productivas, pero también agobiantes. No tome decisiones apresuradamente y no se comprometa con más asuntos de los que puede realizar. Es un año de aventuras por lo que la infidelidad puede tambalear parejas y familias.

Año personal Seis: es un año para comprometerse y asumir responsabilidades. Tiempo excelente para los encuentros, el matrimonio, los acuerdos y las asociaciones de todo tipo. Encontrará soluciones a problemas del pasado y habrá armonía a su alrededor. Tendrá suerte en el plano material y todas las vibraciones favorecerán la vida familiar: podrá comprar o arreglar su casa, cambiar los muebles y mejorar la comunicación. Si el número vibra de manera negativa o está ausente, los conflictos domésticos con la pareja y los hijos pueden conducir a separaciones.

Año personal Siete: es un tiempo de búsqueda de respuestas y necesidad de conocimiento. Se preocupará por asuntos espirituales y por ello preferirá la soledad. No es buen momento para realizar cambios de ningún orden y requerirá paciencia para solucionar los problemas que se presenten. En esta época vibran la meditación, el reposo, el fortalecimiento del espíritu y el cuidado de la salud. Será uno de sus mejores años si se concentra en sus proyectos y es comprensivo con los demás.

Año personal Ocho: es un año que se inicia con dificultades en el plano económico y sentimental. Debe actuar con precaución y cuidar su salud. El manejo del dinero lo preocupará y si es cauteloso podrá ganar mucho más de lo esperado. Sólo conseguirá el éxito con esfuerzo y dedicación. Si el número vibra negativamente debe estar atento a pérdidas inesperadas de dinero y cuidar su empleo.

Año personal Nueve: es el año en que cierra un ciclo de su vida; por lo tanto, es tiempo para hacer balances y mirar hacia adelante. Aquello que construyó sobre piso firme le acompañará en el siguiente ciclo. Sin embargo, éste es también un año que significa una pérdida de algún tipo, ya sea de una forma de ver el mundo, de un ser querido, de un trabajo o de dinero.

Carolina Libau

Los ciclos anuales

Un ciclo anual va de un cumpleaños al siguiente y se considerar una predicción refinada de nuestro año personal. Cada año tiene tres ciclos de cuatro meses y su cálculo es muy sencillo:

- Primer ciclo: corresponde al año de nacimiento, reducido a una sola cifra.

- Segundo ciclo: se obtiene restando del año universal (en este caso 2003) el número del camino de la vida.

- Tercer ciclo: se suman los dos ciclos anteriores.

Revisemos cómo serían los ciclos de María Sánchez López:

Primer ciclo: 1975, 1 + 9 + 7 + 5 = 22; en este caso, el número maestro se reduce a 4.

Segundo ciclo: 2003 − 9 = 1994
                  1 + 9 + 9 + 4 = 23 = 2 + 3 = 5.
Tercer ciclo: 4 + 5 = 9.

Así, los ciclos y las vibraciones que María recibirá durante este año de su vida serán:

Interpretar los números

- Primer ciclo: entre el 25 de julio y el 25 de noviembre del 2003. Número 4.

- Segundo ciclo: entre el 25 de noviembre del 2003 y el 25 de marzo del 2004. Número 5.

- Tercer ciclo: entre el 25 de marzo y el 25 de julio del 2004. Número 9.

Interpretación de los ciclos anuales

Uno: tiempo de afirmarse y avanzar. Sensación de soledad.

Dos: tiempo de relacionarse. Puede haber conflictos personales.

Tres: tiempo de intercambios de todo tipo. Evite la dispersión.

Cuatro: tiempo para organizarse. Sea prudente y planifique.

Cinco: tiempo de cambios y decisiones. No se apresure.

Seis: tiempo de equilibrio y armonía. Evite la inseguridad.

Siete: tiempo para la reflexión y el recogimiento. Sensación de abandono.

Ocho: tiempo de construcción y ganancias. Evite la agresividad.

Nueve: tiempo de soluciones y balances. Sea paciente.

Meses y días

Aunque no es lo ideal consultar el oráculo a diario y no dejarle nada a nuestra buena fortuna o al libre albedrío, la numerología es un sistema adivinatorio que permite calcular la vibración de un mes o de un día especial.

Calcular el número de un mes

Para encontrar esta vibración sólo debe sumar el número del mes que está revisando (es decir, un número entre 1 y 12) al del año personal. Para María Sánchez, el 2003 es un año personal 1, y supongamos que se desea saber la vibración del mes de abril. Este mes para María será: 1 + 4 = 5, un mes con vibración 5.

Calcular el número de un día

Para averiguar la vibración de un día, se debe sumar el número del día al del mes personal. Por ejemplo, si quisiéramos saber qué vibración tendrá María el día 15 de abril, sumaríamos 5 + 15 = 20; la vibración de ese día sería número 2.

El número de realidad o número único

Éste es el número más importante de la vida de una persona. Sus vibraciones rodean toda nuestra existencia, por lo que se considera también nuestro número de suerte. Con él es posible determinar cuál fue la tarea que venimos a cumplir y el significado de nuestro paso por la Tierra. Este número es la clave de su ser. Se calcula de la siguiente manera:

Número de expresión + Número del camino de la vida = Número de realidad

En nuestro ejemplo, el número de realidad sería: 3 + 9 = 12 y 1 + 2 = 3. Así el número de realidad de María Sánchez será el 3.

Interpretación del número de realidad o número único

Lo primero que se debe considerar para interpretar el número de realidad son los siguientes rangos de incidencia en el planeta:

- **Misión personal**: son personas que tienen un número de realidad entre 1 y 4. Sus aprendizajes exigen un camino solitario y aunque pueden casarse y formar una familia, requieren soledad para conseguir sus metas.

- **Misión familiar**: son personas que poseen un número de realidad entre 5 y 7. Para ellos la única realización es a través de la comunidad, ya sea una familia o un grupo que les permite desarrollar todos sus dones.

- **Misión planetaria**: son personas cuyo número de realidad es superior a 8, incluyendo el 11 y el 22. Para sentirse realizadas, deberán entregarse a los demás y no buscar el beneficio propio. Su misión es de guías espirituales y tienen la responsabilidad de transformar su entorno.

El significado del número de realidad o número único

Uno: la meta de estas personas será el desarrollo de su propia creatividad y la búsqueda de originalidad. Quienes llevan este número de realidad suelen ser imaginativos, talentosos e independientes. Necesitan estar siempre ocupados y tienen problemas con la autoridad, ya que normalmente son líderes naturales. Son obstinados y se les dificulta trabajar en equipo. Tienen tendencia al egoísmo y suelen ser celosos.

Dos: el éxito de estas personas llegará a través del trabajo con otros y tienen el reto de aprender a cooperar. Poseen gran sensibilidad, son comprensivas y amables. Necesitan la aceptación de los demás, pueden convertirse en seres inseguros y dependientes. Tienen aptitudes para sanar a otras personas y mediar conflictos.

Tres: una persona con este número deberá luchar por aprender a expresar sus sentimientos e ideas. Sólo al desarrollar esta capacidad se sentirán plenas. Son seres alegres, entusiastas y optimistas, pero si no reciben la suficiente atención en su niñez se convertirán en personas inestables emocionalmente.

Cuatro: estas personas sólo se sentirán realizadas a través de la construcción planificada y el esfuerzo constante. Las cosas que consiguen sin lucha no llaman su atención e incluso pueden despreciarlas. Son seres trabajadores, responsables y pacientes. Suelen tener una honestidad a toda prueba, pero tienden a ser dominantes y vanidosos. Necesitan rutinas estrictas y el trabajo en equipo no es atractivo para ellos.

Cinco: alguien con este número podrá cumplir su misión si se siente libre de hacer lo que quiere. En esa búsqueda de libertad puede herir los sentimientos de quienes les rodean. Son personas recursivas, visionarias y con mucha energía, la cual pueden desperdiciar iniciando mil proyectos, sin concluir ninguno. Necesitan viajes y cambios. La rutina los convierte en seres amargados y hasta envidiosos.

Seis: para sentirse realizados, los 6 deben dedicar su vida a los demás. El hogar y la familia son sus ideales más altos. Idealistas, afectivos y de fuertes principios, estos seres dedicarán su existencia al trabajo humanitario. Son obstinados y no soportan la crítica. Pueden hacer sacrificios extremos por los demás y necesitan paz y armonía a su alrededor.

Siete: una persona con este número se esforzará por comprender los misterios de la vida y todo cuanto le rodea. Aunque son seres solitarios y se pierden con frecuencia en sus propias divagaciones, les atrae el matrimonio, ya que les da la seguridad necesaria para adentrarse en su mundo. La vida espiritual les llama la atención, pero no se desenvuelven bien en este aspecto, ya que son demasiado críticos y muy desconfiados.

Ocho: quienes poseen este número de realidad se sentirán realizados a través de la consecución de bienes materiales y de poder. Son ambiciosos por naturaleza y obstinados para conseguir sus metas. Tienen un carácter fuerte y gran inventiva en los aspectos profesionales. Su mayor reto es encontrar un propósito en la vida que valga la pena, más allá de lo material, sino se convertirán en seres mezquinos y egoístas.

Nueve: su búsqueda es la compasión. Son personas que sólo se sentirán plenas si le prestan atención a su vida espiritual. Simpáticos, generosos e idealistas, cuando desarrollan sus cualidades para beneficio propio podrían destruir sus vidas. Este número les da el poder de elevarse y alcanzar los objetivos más profundos de la vida. Si equivocan su camino tenderán a la sensiblería y el egoísmo.

Once: son personas que deben trabajar para beneficio de todos. Su misión es espiritual y tienen habilidades psíquicas sorprendentes. La vida será difícil y deben construir una fe a toda prueba para cumplir con su cometido. Si este número es muy alto para la persona que lo porta, lo vivirá como un 2.

Interpretar los números

Veintidós: es el número que signa la vida de los maestros, de quienes vienen a construir un mundo mejor. Son brillantes, humildes y bondadosos. Es el número de la excelencia y quien no esté preparado para llevarlo, tendrá la vibración del 4 en su existencia.

Guía final: Interpretación de la carta numerológica de nuestro ejemplo

La carta numerológica de María Sánchez López, quien nació el 25 de julio de 1975, sería la siguiente:

Números del nombre	Dígito
Expresión	3
Alma	1
Fuerza interna	2
Activo	6
Hereditario	6
Resumen del nombre	8

Números de la fecha	Dígito
Camino de la vida	9
Ciclo de la siembra	7
Ciclo de la productividad	7
Ciclo de la cosecha	22
Año personal	1

Carta de intensificación	Dígito
*Presentes	5 y 8
* Ausentes	2
*En exceso	1

Interpretación de la carta

María es una persona extrovertida, que le gusta socializar (3 en expresión). Como su número único es el mismo que el de expresión, la misión que vino a cumplir se facilitará por su personalidad abierta y dinámica. Sin embargo, tiene una tendencia fuerte hacia el individualismo, lo cual puede generarle conflictos internos y llevarla al egoísmo (1 en número de alma y 1 en exceso en su carta de intensificación). Además, esta búsqueda de independencia puede orillarla a ocultar las necesidades más profundas de su alma, que requiere compañía para sentirse realizada (2 en fuerza interna). Sus relaciones personales y en particular su vida en pareja se verán afectadas al punto de ser una persona que no pueda construir una familia y si lo consigue tendrá dificultades para mantenerla (ausencia de 2 en su carta de intensificación y la influencia que ejercen las características del 7 en los dos primeros ciclos vitales). Pero estas dificultades se recompensarán gracias a su voluntad de ayuda y entrega a los demás, que la harán participar de actividades de servicio y la podrán llevar incluso a transformarse en guía espiritual (6 en número activo y hereditario, reforzado ampliamente con el 9 en el camino de la vida, y el 22 en el ciclo de la cosecha).

Dado que los dos ciclos iniciales de su vida los dedicará a la búsqueda de sabiduría y conocimiento (ciclos de siembra y cosecha) y que la voluntad de ayuda (6 y 9) le permitirá acercarse a quienes la rodean, es factible que en el último ciclo de su vida María se entregue por completo a los demás y se convierta en una guía espiritual (22 en cosecha). Sin embargo, su número único (3) indica que esto es imposible, porque la misión que viene a cumplir María es de tipo personal. Por tanto, el 4 señalará que debe construir con mucho esfuerzo y dedicación lo que quiera conseguir, y en particular lo relacionado con su vida espiritual. En este momento (2003), María está iniciando un nuevo ciclo de su vida (es un año personal 1 y cumplirá 28 años). En el inicio de este ciclo deberá sembrar las bases que le permitan conseguir sus aspiraciones secretas, las cuales se relacionan con la consecución de independencia y el desarrollo de su creatividad (número del alma 1, que coincide con su año personal). Para ello, cuenta con un espíritu libre pero mesurado y una ambición que no se desbordará (5 y 8 presentes de manera equilibrada en su carta de intensificación).

COLECCIÓN ESOTERISMO

Cartas desde la luz
Cómo lograr sus objetivos a través de los sueños
Descubra sus vidas pasadas
Diccionario de los sueños
Diccionario de sueños eróticos
Encuentros con fantasmas
Experiencias inexplicables
Fantasmas, espíritus y otras manifestaciones
Feng Shui para el amor y la amistad
Feng Shui para el bebé
Feng Shui para principiantes
Lectura del café
Lectura del Tarot, guía superfácil
Leer la mano
Magia blanca
Magia gitana
Magia para brujas adolescentes, guía superfácil
Metafísica
Metafísica ocultista/ Guía práctica
Nostradamus
Numerología, guía práctica
Poder de la ouija, El
Poder de la magia gitana, El
Poder de las velas, El
Tumba del templo de la Luna, La
Poder curativo de los mantras, El
Poder de los chakras, El

COLECCIONES

Belleza
Negocios
Superación personal
Salud
Familia
Literatura infantil
Literatura juvenil
Ciencia para niños
Con los pelos de punta
Pequeños valientes
¡Que la fuerza te acompañe!
Juegos y acertijos
Manualidades
Cultural
Medicina alternativa
Clásicos para niños
Computación
Didáctica
New Age
Esoterismo
Historia para niños
Humorismo
Interés general
Compendios de bolsillo
Cocina
Inspiracional
Ajedrez
Pokémon
B. Traven
Disney pasatiempos
Mad Science
Abracadabra

Esta edición se imprimió en Septiembre de 2005. Grupo Impresor
Mexicano. Trueno Mz 88 Lt 31 México, D.F. 09630

DOBLAR Y PEGAR

SU OPINIÓN CUENTA

Nombre ....

Dirección ....

Calle y número ....

Teléfono ....

Correo electrónico ....

Colonia .... **Delegación** ....

C.P .... **Ciudad/Municipio** ....

Estado .... **País** ....

Ocupación .... **Edad** ....

Lugar de compra ....

Temas de interés:

- *Negocios*
- *Superación personal*
- *Motivación*
- *New Age*
- *Esoterismo*
- *Salud*
- *Belleza*

- *Familia*
- *Psicología infantil*
- *Pareja*
- *Cocina*
- *Literatura infantil*
- *Literatura juvenil*
- *Cuento*
- *Novela*

- *Ciencia para niños*
- *Didáctica*
- *Juegos y acertijos*
- *Manualidades*
- *Humorismo*
- *Interés general*
- *Otros*

¿Cómo se enteró de la existencia del libro?

- *Punto de venta*
- *Recomendación*
- *Periódico*
- *Revista*
- *Radio*
- *Televisión*

Otros ....

Sugerencias ....

Numerología, guía práctica

RESPUESTAS A PROMOCIONES CULTURALES
(ADMINISTRACIÓN)
SOLAMENTE SERVICIO NACIONAL

CORRESPONDENCIA
RP09-0323
AUTORIZADO POR SEPOMEX

EL PORTE SERÁ PAGADO:

Selector S.A. de C.V.
Administración de correos No. 7
Código Postal 06720, México D.F.